# LA PLUME

# PATRIOTIQUE.

---

PRIX, 3o CENTIMES.

---

PARIS,

Chez CORREARD, libraire, Palais-Royal, galerie de bois.

24 avril 1820.

IMPRIMERIE DE MADAME JEUNEHOMME-CRÉMIÈRE,
RUE HAUTEFEUILLE, n° 20.

# LA PLUME

# PATRIOTIQUE.

## 1.

On attend avec impatience le rapport de la pétition de M. Madier de Montjau à la Chambre des Députés. Elle donnera lieu sans doute à de vives discussions auxquelles la France entière ne peut manquer de prendre le plus grand intérêt. Le caractère du pétitionnaire, la gravité des faits qu'il dénonce, la noble franchise avec laquelle il révèle les complots d'une faction implacable, la recommandent à l'attention de la Chambre et de tous les français. Les ultra ont bien senti l'importance d'une démarche aussi solennelle faite par un magistrat irréprochable; aussi ont-ils cherché à l'aide de leur tactique ordinaire, à détruire ou atténuer d'avance l'effet qu'elle doit produire. Ils ont calomnié l'intention de l'honorable magistrat en lui supposant une arrière-pensée; ils ont nié les faits sur lesquels il s'appuie, et enfin, pour compléter l'attaque, ils ont gratuitement avancé que le conseiller de la cour royale de Nîmes était un instrument des Jacobins de ces furieux jacobins qui ne sont dans leur élément qu'au sein du désordre, des massacres et des guerres civiles. Il me sera facile de répondre à ces allégations vagues que j'ai trouvées dans la *Quotidienne*, journal spécialement consacré aux doctrines de l'intolérance politique et religieuse.

*La Quotidienne* glisse très légèrement sur les titres et qualités du pétitionnaire, et on en devine la raison ; elle voudrait prouver que M. Madier est un *jacobin*, un *sans-culotte*. Or, il serait fort difficile de persuader à tous ceux qui ne sont point aveuglés par la passion, qu'un scélérat de *jacobin* se cache sous la toge d'un conseiller ; aussi ne pouvant injurier l'honorable magistrat, l'honnête journaliste voudrait le faire passer pour un insensé. Il le range au nombre de ces fous qui voient tous les objets sous une double face, et le compare à cet infortuné Thébain qui croyait toujours voir deux soleils et deux Thèbes. La comparaison est poëtique, mais elle n'est pas juste. M. Madier n'a pas du tout l'air d'être dans un état d'aliénation ou d'ivresse pour y voir double. Il dit *je l'ai vu* dans *telle circulaire* adressée par le *comité directeur, sous tel n*o, avec une assurance à laquelle il serait difficile de résister ; mais la bonne *Quotidienne* ressemble à madame Pernelle; et l'on a beau lui dire, *je l'ai vu, dis-je, vu, de mes propres yeux vu;* elle continue d'affirmer que c'est une calomnie, une trame ourdie contre les honnêtes gens.

En interprétant charitablement les intentions de M. Madier, le *Journal* oligarchique suppose que son but a été de faire croire à l'existence de deux gouvernemens dont l'un est patent et l'autre caché, et que cette accusation est dirigée principalement contre des personnages augustes qu'il n'est pas besoin de nommer..... J'admire la perspicacité de la *Quotidienne.* J'avais lu la pétition de M. Madier avec attention et je ne m'étais pas du tout aperçu du motif secret que la *Quotidienne* lui suppose. M. Madier lui a beaucoup d'obligation, car sans elle il n'aurait pas été compris. J'avais bien vu clairement, qu'il était question d'affiliations secrètes qui se réunissaient en assemblées secrètes, qui fesaient des notes secrètes, qui organisaient des compagnies secrètes; je comprenais bien qu'il existait un comité directeur qui envoyait des circulaires à tous les affidés du royaume, mais voilà tout : la *Quotidienne* donne à ce sujet d'étranges explications; heureusement le peu de foi qu'elle inspire ne peut altérer le respect des français pour les augustes personnages derrière lesquelles elle cherche à se retrancher.

Quant aux faits articulés dans la pétition précitée, la *Quotidienne* se borne à les nier. Rien n'est plus facile ; mais, pour convaincre l'opinion, il ne suffit pas d'une dénégation absolue, il ne suffit pas de défier ses adversaires, en les sommant de nommer les membres de ces associations et le lieu de leurs rassemblemens. Il paraît que les ultra comptent beaucoup sur la fidélité de tous leurs affiliés. Il est d'ailleurs facile d'être brave lorsqu'on n'a rien à craindre. Les ultra dirigent le ministère ; ils savent bien que ce ministère, qui les sert au lieu de faire des recherches qui pourraient leur être nuisibles, tâchera d'en arrêter les suites ; l'expérience leur a prouvé qu'ils pouvaient se soustraire à l'empire des lois et commettre des crimes de parti impunément. Les assassins du Midi se promènent paisiblement sur le sol qu'ils ont ensanglanté ; le cri du sang versé par des mains criminelles n'a point été écouté ; les poursuites commencées contre les meurtriers du maréchal Brune sont suspendues ; après cela que pourrait craindre la faction à qui l'on n'a demandé aucun compte des excès qu'elle avait commis ?

De ce qu'il ne sera pas fait d'enquête pour constater l'existence des affiliations illégales que M. de Montjau dénonce aux députés de la nation, il ne faudra pas conclure qu'elles n'existent point ou qu'elles n'ont point existé ; on devra en inférer seulement que l'enquête n'a pas été ordonnée , de peur de compromettre *les honnétes gens* dont on a besoin. Je n'affirmerais pas cependant que les sociétés secrètes que les ultra appellent chimériques, existent actuellement ; tout ce que je sais bien , c'est qu'en 1815 et 1816, elles étaient organisées dans tous les départemens du midi ; je sais que plusieurs fonctionnaires royalistes ont été destitués parce qu'ils avaient refusé d'en faire partie. Un bon bourgeois qui, par faiblesse , s'était laissé enrôler dans la sainte croisade , a raconté comme on procédait à la réception. L'assemblée était ordinairement présidée par un prêtre qui faisait prêter sur l'évangile à l'initié un serment ainsi conçu : *Je jure obéissance aveugle à un chef invisible.* Je m'abstiens de toute réflexion sur une pareille cérémonie ; on croit être transporté au temps de la ligue. Il n'est que trop vraisemblable que ces sociétés qui paraissaient s'être dissoutes avec la chambre introuvable , se sont réveillées à l'occasion de la catastrophe du 13 février ; qu'elles ont recommencé de correspondre avec la *société mère* , et si les faits consignés dans la pétition de M. Madier sont vrais comme il l'affirme , tous les doutes s'évanouissent.... S'il fallait une preuve de plus , les ultra nous la fournissent dans ces adresses qui semblent toutes calquées sur le même modèle ; dans toutes on trouve à côté des accens de la douleur , des malédictions et des anathêmes contre les doctrines libérales , et ceux qui les professent. Dans l'une d'elle rapportée dans le *Drapeau Blanc*, on conjure le petit fils de Henri IV d'abjurer la clémence qui est la plus belle vertu d'un souverain. Les volontaires royaux de la ville de Montpellier , s'écrient qu'ils ont conservé leurs armes.... Malheureux que voulez-vous en faire ? Cependant, malgré les alarmes témoignées par M. Madier , malgré toutes ces adresses qui feraient croire qu'un parti brûle d'en venir aux mains , la *Quoti-*

*dienne* assure que tout le midi est non-seulement tranquille ; mais qu'il n'offre aucun symptome d'agitation.

Les ultra ne sont pas aussi prodigues de raisons que d'injures. Au fait, il est bien plus aisé de dire à ses adversaires : Vous êtes des *jacobins*, des *révolutionnaires*, que de réfuter leurs argumens. M. de Montjau supplie la chambre de rappeler à Nîmes la garnison qui a si bien maintenu l'ordre et la paix, pour prévenir les troubles que des malveillans voudraient exciter. Cette brave garnison, à qui l'on n'a rien à reprocher, est remplacée par des Suisses. On sait que les Suisses sont mal vus par un parti, et qu'ils sont adorés par un autre. Ce conflit de sentimens peut causer de grands maux dans une ville, où les passions sont violemment irritées, où le fanatisme religieux et politique exerce une double influence ; et parce qu'un fonctionnaire public, convaincu que le moindre prétexte suffirait pour rallumer des haines récentes, et reproduire des scènes de carnage et de deuil, sollicite le renvoi des troupes suisses et le rappel des légions françaises, on l'accuse d'être le boute-feu de la guerre civile ! Sa pétition est un manifeste dicté par les jacobins et les révolutionnaires ! Quelle logique !

Au reste, puisque M. de Montjau a envoyé sa pétition à la chambre des députés, il importe qu'elle soit prise en considération. En passant trop légèrement à l'ordre du jour sur un acte aussi grave, la majorité ne ferait qu'ajouter aux alarmes que témoigne un fonctionnaire public recommandable; elle donnerait un prétexte de plus aux malveillans, pour calomnier les intentions de cette majorité. De deux choses l'une : ou les faits cités par M. Madier sont faux, où ils sont vrais. Dans le premier cas, il importe de dévoiler les hommes insidieux qui se plaisent à propager des craintes imaginaires, les libéraux ne refusent jamais de prouver ce qu'ils ont avancé. Dans le second cas , il est urgent que les ministres prennent sur-le-champ les mesures les plus promptes et les plus salutaires, pour épargner les horreurs de la guerre civile à un département, dont le sol recèle encore des feux souterrains près de s'échapper à la première occasion. Le ministère ne voudra pas assumer sur sa tête la responsabilité de tous les malheurs qui fondraient de nouveau sur une des plus antiques cités des Gaules. Et qui pourrait prévoir où s'arrêterait l'incendie ?

## II.

### Pensées détachées.

— On a beaucoup parlé dans ces derniers temps d'une note adressée par une grande puissance du nord à toutes les cours d'Europe , pour les prévenir qu'elle regarderait comme une déclaration de guerre toute intervention d'un *état* dans les affaires intérieures de l'autre. Cette note assez ambiguë , comme le sont d'ordinaire les pièces diplomatiques , a été interprétée fort diversement par les journaux des différens partis. Les feuilles libérales ont prétendu que l'avertissement était destiné aux souverains , et avait pour objet de les empêcher de mettre obstacle aux efforts qu'un peuple voisin vient de faire pour conquérir sa liberté. Les feuilles serviles ont soutenu que la menace ne regardait que les peuples qui auraient envie de s'aider mutuellement pour secouer leurs chaînes.

Je partage tout à fait cette dernière opinion. Il est , en effet, très-naturel qu'un grand monarque appuie de préférence les intérêts de ceux qu'il appelle ses frères ; et ce serait une anomalie politique , une espèce de monstruosité que la protection accordée par le chef d'un gouvernement à une nation qui serait en état de rébellion ouverte contre son maître.

J'ajoute que ce serait une lâcheté à une pareille nation d'accepter un tel secours. Un peuple qui veut être libre ne tarde pas à le devenir ; mais celui qui a besoin d'une force étrangère pour conquérir sa liberté, n'est pas encore mûr pour elle. Dans ce cas, la protection qu'il implore se changerait promptement en un joug d'autant plus honteux, d'autant plus pesant, qu'il paraîtrait l'avoir accepté volontairement, et en avoir fait la condition de sa délivrance. Ce peuple aurait donc changé de servitude ; état humiliant pour une nation, mais que certaines gens feignent de prendre pour de la liberté.

— On assure qu'un cordon de troupes françaises ayant été placé par notre gouvernement sur les frontières qui avoisinent l'Espagne, pour arrêter, sans doute, les doctrines empoisonnées qui sortent de l'officine du cafetier Lorenzini, cet appareil belliqueux a excité la curiosité du cabinet constitutionnel de Madrid. Les ministres espagnols ont demandé des explications à l'ambassadeur de France, lequel n'y a pas répondu, dit-on, d'une manière satisfaisante. En conséquence, ajoute-t-on, le ministre du roi Ferdinand, qui est aussi celui de la nation espagnole, a prié notre cabinet de s'expliquer catégoriquement sur ces mouvemens militaires. Or, on sait que les conversations de M. le ministre des affaires étrangères avec M. l'ambassadeur d'Espagne sont pour l'ordinaire d'une grande clarté. Il est donc probable que leurs excellences s'entendront dès les premiers mots. Au surplus, je ne garantis pas l'authenticité de ces faits ; je préviens seulement mes lecteurs qu'ils ont été supprimés par la censure : c'est déjà quelque chose.

— Je leur signale encore les suppressions suivantes. Un journal s'était permis d'annoncer l'arrivée de M. Decazes à Paris ; ses successeurs ont trouvé la nouvelle inquiétante, et, en conséquence, on l'a confisquée. M. Decazes nous menace-t-il de son retour ?

Un autre journal aurait émis, sur le *Mémorial Bordelais*, quelques observations qui tendaient à faire considérer cette feuille comme un second *Journal des Maires*, comme une tribune d'où l'excellence déchue paraissait vouloir engager un colloque justificatif avec la nation. On lit en effet, depuis quelques jours, dans ledit *Mémorial*, consacré jusqu'ici à la propagation des plus saines doctrines du *centre*, des articles fort remarquables par leur style et surtout par leur couleur. Ils annoncent une de ces oppositions doucereuses d'un ancien desservant de la chapelle ministérielle, qui se garde bien de blasphêmer contre la divinité mystérieuse qu'on y encense, mais qui n'est pas fâché de critiquer un peu ses nouveaux serviteurs. On remarquait en outre dans un de ces articles l'éloge d'une grande puissance du nord qu'il est convenu d'encenser chez tous les adhérens de monseigneur.

La censure a pris l'épouvante, et l'article a été sacrifié. Le *Mémorial Bordelais* serait-il donc en effet le nouvel arsenal du noble duc ?

### III.

Lorsque M. Siméon, ministre de l'intérieur a présenté le second projet de loi des élections et retiré le premier, il a prononcé un discours, qui mérite d'occuper la France entière jusqu'à la discussion du projet.

Qu'on ait d'abord voulu donner à la grande propriété une sorte de représentation spéciale dans la chambre des communes, cela se conçoit : plus on a, plus on veut avoir.

Mais que cela se puisse sans nuire aux intérêts de la classe moyenne des contribuables , voilà ce qu'aurait dû expliquer M. Siméon pour être compris de tout le monde. Cette représentation, fût-elle nécessaire ou seulement raisonnable, devrait être reléguée dans la Chambre des pairs, qu'on peut augmenter à volonté, et non dans la Chambre des communes. « *Les circonstances*, dit le mi-« nistre , exigent de réduire le premier projet à ce qui est « *le plus nécessaire*, de le remanier de manière à ôter *le* « *prétexte d'atteinte* à la Charte, *prétendue* atteinte etc. » Or selon le ministre lui-même , cette *prétendue* atteinte consistait à substituer au renouvellement annuel par cinquièmes le renouvellement quinquennal et intégral ; et voici l'art. 3₇ de la Charte : *les députés seront élus pour cinq ans et de manière que la Chambre soit renouvelée chaque année par cinquième.* Que dites-vous maintenant du *prétexte d'atteinte*, de la *prétendue atteinte ?* pour contredire l'évidence, il me semble qu'il faut manquer de raison ou de bonne foi, cependant on peut se tromper.

Dire que les *circonstances exigent* de réduire le projet à ce qui est *le plus nécessaire*, c'est déclarer que le second projet ne contient pas tout ce que le premier contenait de nécessaire. Or, comme on peut tout au plus ajourner le nécessaire, c'est déclarer qu'en meilleure circonstance on reprendra ce qu'on ajourne : cela est fort tranquillisant.

Plus d'un tiers des électeurs, dit le ministre, *est resté* indifférent aux élections..., peut-être à cause de l'éloignement des lieux ; *les hommes de parti surmontent les difficultés , mais beaucoup de ceux qui sont sans passion cèdent à une indolence trop commune aux personnes modérées.* Je passe ce qu'une semblable réflexion peut avoir de désobligeant pour les électeurs qui se seront donné la peine d'aller voter au chef-lieu, mais j'observe que nous marchons de merveille en merveille : il fut un temps de malheurs où l'on proscrivait, dit-on, les modérés, aujourd'hui il n'est rien qu'on ne fasse pour eux; peut-on désirer un plus heureux contraste : aujourd'hui l'on veut améliorer les élections au moyen des *indolens*, et, ne pouvant les y porter, on leur apporte le collége électoral. On veut que les *élections se fassent*, pour ainsi dire *à leur porte*. On espère que les deux degrés donneront un plus grand nombre d'électeurs, et qu'il y aura *moins d'influence étrangère.*

Par influence étrangère, on n'entend certainement pas celle de la *sainte alliance* : serait-ce l'influence ministérielle ? cela se pourrait, car le ministère, ayant une armée d'employés répandue dans tout le royaume, a des grands moyens d'influence. Je ne dis pas qu'il en ait usé, je ne crois pas qu'il en ait abusé; mais s'il en avait usé au chef-lieu, il en pourrait user bien mieux encore dans les arrondissemens, où les sous-préfets, les receveurs, etc. connaissant tous les individus, et voyant tout ce qui se fait dans leur petite sphère, sont de véritables maîtres d'école armés d'une férule, dont on pense bien qu'ils ne se serviront pas plus au sujet des élections, que les préfets ne se servaient de leur autorité au chef-lieu. D'ailleurs, s'ils influençaient les élections, ce serait une influence locale et le ministre n'a parlé que de l'influence étrangère. Je voudrais seulement que par amendement en faveur des modérés de Paris, où les faubourgs sont immenses, la chambre compatissante proposât de fournir des fiacres aux électeurs *indolens*.

Quelqu'un de ces esprits subtiles qui devinaient si juste la pensée de M. Girardin, expliquera-t-il la sollicitude dont le ministère est tourmenté pour les indolens si dangereux aux yeux de Solon, qui n'était ni un sot que je pense, ni un jacobin que je sache.

Au reste , le projet assujettit les indolens qui voudront bien aller voter jusqu'*à leur porte*, à écrire eux mêmes leur vote ou à le dicter de mémoire sur le bureau ! 1 ! Pour qui donc voteront les indolens ? car s'ils tenaient à porter certaines personnes à eux connues, ils seraient bien allés au chef-lieu, et si leur choix ne vient pas d'eux mêmes, il faudra bien qu'il vienne d'un autre, n'est-il pas vrai ! cet autre , qui sera-t-il ? je l'ignore ; mais cet autre-là aura beaucoup de voix, quand les indolens voteront *à leur porte*. Dans ce cas ils subiront une influence. Or, comme ce ne sera pas une influence étrangère, le ministère s'en lave les mains.

Je remarque une lacune dans le projet ! Si un indolent peut apporter une minute de son vote pour le transcrire ou le faire transcrire sur le bureau , autant vaudrait s'épargner la peine de copier , ( notez que je parle d'un *modéré indolent*) ; s'il faut ( et la loi me semble l'exiger tacitement ), dicter ou écrire de mémoire , un indolent, qui ne peut avoir de choix à lui , et qui aura peut-être mal écouté les noms , peut les oublier au moment de les dicter. Il y a quelque chose d'inhumain à exposer à pareille avanie , un brave indolent qui ne veut voter qu'à sa porte.

Ne serait-il pas convenable de concilier le devoir et l'indolence en autorisant qui le voudrait ( on ne violenterait personne ) à remettre à son sous-préfet la faculté de voter à sa place. Un magistrat rompu au travail ne s'apercevrait pas de ce léger surcroît , et on ne dérangerait point les personnes modérées. Cela serait d'autant mieux que toute la peine qu'on se donnerait pour apprendre à dicter ou écrire soi-même jusqu'à cinq et six noms, ne peut aboutir qu'à faire des candidats ; en vérité c'est sacrifier les indolens. Ce que je propose ne serait pas inconstitutionnel, car *la Charte ne dit qu'une chose à cet égard :*

*c'est que les électeurs qui concourent à la nomination des députés, ne peuvent avoir droit de suffrage, à moins qu'ils ne paient une contribution directe de 3oo francs.* Mon amendement *conserve ce droit à tous ceux qui en ont joui. La Charte* qui *ne dit pas si l'élection sera directe ou indirecte,* ne dit pas non plus si le suffrage se donnera en personne ou par procureur, et puisqu'on change la loi pour favoriser les indolens, il faut les mettre tout à fait à leur aise. Les demi-mesures gâtent tout.

Jusqu'ici, le mot concourir employé sans correctif, avait paru signifier que des électeurs ne seraient en rien distingué les uns des autres ; et cette pensée était d'autant plus raisonnable, que l'aristocratie ayant une chambre illimitée pour elle seule, pouvait, ce me semble, ne pas chercher à envahir la case très-circonscrite des communes. Mais bientôt on s'est jeté dans les querelles de grammaire, maintenant on ne plus discuter que le dictionnaire à la main; et plût à Dieu qu'on s'en rapportât toujours au dictionnaire.

*Concourir* signifie *coopérer, produire un effet conjointement avec quelque cause, avec quelqu'agent.* Si l'on veut user de toute la latitude, laissée par le vague incommensurable de cette expression, il serait facile de prétendre que le gouvernement pourrait exercer une censure active sur les élus, et repousser ceux qui lui déplairaient. Car *la Charte ne fait aucun obstacle à cet égard ; elle n'a dit qu'une chose, c'est que les électeurs qui concourent à la nomination des députés, ne peuvent avoir droit de suffrage, à moins qu'ils ne paient une contribution directe de 3oo fr. ;* la censure *conserverait ce concours à tous ceux qui en ont joui.* Si ce raisonnement justifie la censure électorale, il peut justifier les deux degrés. Sinon, non.

Le collège de département choisit les députés parmi les candidats, leur nombre égale autant de fois le nombre

des députés qu'il y a d'arrondissemens dans le départe-
tement, ce serait merveille que dans cette foule les
indolens n'eussent pas porté ceux que le collège de départe-
tement aurait nommés sans la candidature. Or ce collège
est celui des plus imposés, c'est-à-dire, des riches pro-
priétaires fonciers ; voilà donc la grande propriété
devenue presque maîtresse des élections ! En vérité le
second projet n'a rien oublié de nécessaire, comme avait
paru le craindre M. Siméon, ou s'occupe-t-on déjà d'une
représentation pour le clergé ? Mais le clergé se fait
riche, il partagera la représentation de la grande propriété.

De plus, comme d'après les ministres, la substitution
du renouvellement quinquennal et intégral au renouvellement *annuel* et *par cinquièmes*, que prescrit la Charte, ne
fournit aux esprits difficiles qu'un *prétexte de prétendue
atteinte* à la Charte, le renouvellement individuel et à la
volonté du gouvernement ou des meneurs, quand il y aura des meneurs, pourrait bien n'être pas encore tout à
fait une atteinte ; ainsi la chambre des députés pourrait se
travestir en parlement à la Louis XIV, et qui voudrait
s'en débarrasser ou s'en faire obéir, serait autorisé par un
antécédent fameux à s'y présenter en bottes et un fouet à
la main. Le grand roi l'a fait au parlement qui représentait les états-généraux, qui eux-mêmes représentaient les
assemblées nationales du Champ-de-Mars.

D'abord le grand roi était bien petit, quand il ôtait sa noble
perruque, et je lui sais mauvais gré de s'être déguisé en
joquey pour exercer la prérogative royale. L'imbécille
Commode ne se déguisait du moins qu'en Hercule et puis
les états généraux représentaient les champs de mars et le
parlement les états généraux à peu près comme Louis XIV
un fouet à la main, représentait Charlemagne conquérant,

législateur et fondateur du vaste empire d'Occident ; où comme Roquelaure représentait le paladin Roland. J'aurais voulu voir le grand roi avec son fouet et sa perruque face à face avec Mirabeau dans l'assemblée constituante.

Ce qui se pouvait alors ne se peut plus aujourd'hui. Depuis la révolution, les hommes sont d'une autre taille. On ne nous ramenera plus à ce bon temps, où le sceptre était un manche de fouet et le peuple un bétail.

Toutes fois les doctrines ministérielles ne s'y opposent guerre comme on voit, et cependant ils demandent des lois de confiance !

Cependant le ministre assure que, *sauf quelques dispositions de détail le projet se rapporte à la loi du 5 février.* Si j'étais député, je prendrais au mot son excellence, je proposerais de garder la loi telle qu'elle est, parce que de simples détails ne méritent pas qu'on prolonge une session déjà bien longue ; si le ministre s'y opposait, je serais tenté de me croire attrapé et me consolerais en votant contre